Alles Gute

Alles Gute

*Freundliche Worte sterben nie,
aber sie müssen ausgesprochen werden,
bevor sie leben können.*

Hermann Bezzel

Wer Freude verbreitet, hat Freude.

Johann Christoph Hampe

Heute ist jetzt – genieße den Augenblick.

PP

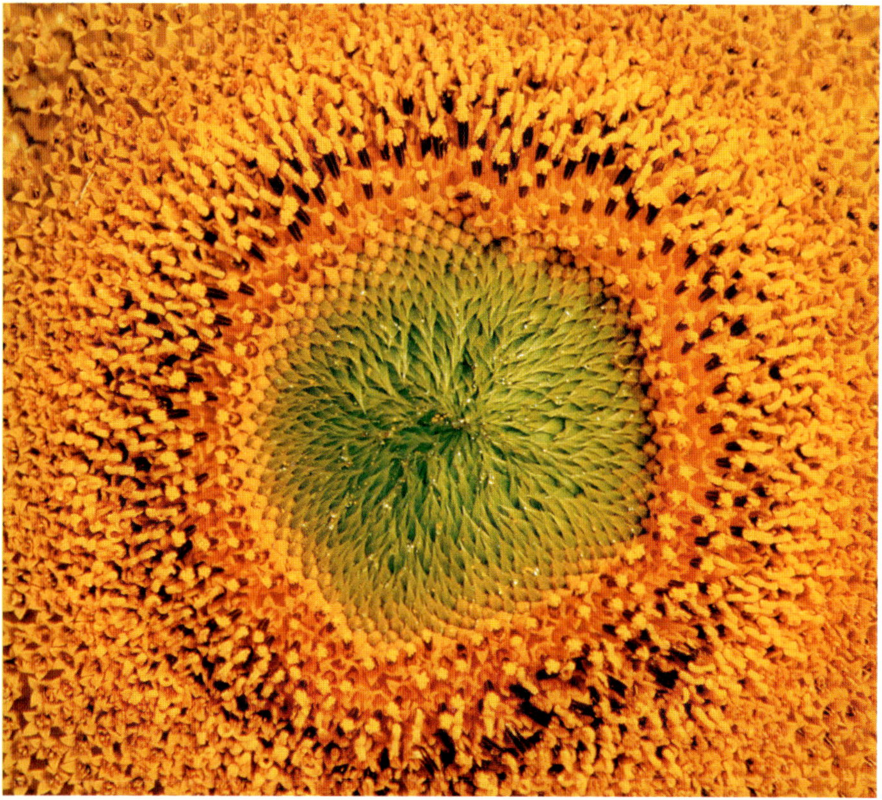

Das Glück besteht nicht darin, daß du tun kannst, was du willst, sondern darin, daß du auch immer willst, was du tust.

Leo Tolstoi

Wahrhafte Größe besitzt jener, der anderen
ein Gefühl ihrer Größe vermittelt.

Gilbert Keith Chesterton

Das kleinste Kapitel eigener Erfahrung ist mehr wert als Millionen fremder Erfahrung.

Gotth. Ephr. Lessing

Die Geduld ist die Kraft der Seele,
die sich durch keine Enttäuschung irremachen läßt
in der Liebe und im Helfen und Hoffen.

R. Seitz

Wenn du magst, nenne die Welt eine Seelenschmiede.
Dann wirst du den Nutzen der Welt herausfinden.

John Keats

Vergebung ist keine einmalige Sache,
Vergebung ist ein Lebensstil.

Martin Luther King

*Vergeben heißt, etwas derart weggeben, nämlich
in das Vergangensein, daß es nicht mehr da ist.*

P. Schütz

Ich darf sagen, ich kam nie leer zurück, wenn ich unter Druck und Not Gott gesucht habe.

Johann Wolfgang Goethe

Vertraue die Vergangenheit Gottes Gnade an,
die Gegenwart seiner Liebe
und die Zukunft seiner Fürsorge.

Augustinus

Wenn ich mir etwas von der Seele reden will,
brauche ich eine Seele, die Anteil nimmt.
Ein Ohr genügt nicht.

Peter Lesser

Mancher Baum ist schief

und trägt dennoch süße Früchte.

Russisches Sprichwort

Es ist unglaublich, wieviel Kraft
die Seele dem Körper zu leihen vermag.

Wilhelm von Humboldt

Es ist ein Paradox:
Erst wenn ich als der, der ich bin, geliebt werde,
habe ich die Freiheit, der zu sein, der ich bin.

David Runcorn

*Nur wer es versteht,
gegen sich selbst milde zu sein,
wird auch gegen andere so verfahren.*

Anatole France

Kleinigkeiten machen die Summe des Lebens aus.

C. Dickens

Impressum

Alles Gute

Set Bestell-Nr. 393.081

ISBN 3-7751-3081-0

2. Auflage 1998

Titelfoto: Micha Pawlitzki

Fotos: Beate Binder, Max Moshe und Hilla Jacoby, Peter Laufs, Micha Pawlitzki

Umschlaggestaltung: Daniel Kocherscheidt

Printed in Belgium

In dieser Reihe sind erschienen:
Momente voll Freude *(Set-CD u. Buch)*
Best.-Nr. 392.153
ISBN 3-7751-2153-6

Momente der Stille *(Set-CD u. Buch)*
Best.-Nr. 392.436
ISBN 3-7751-2436-5

Momente voll Harmonie *(Set-CD u. Buch)*
Best.-Nr. 392.648
ISBN 3-7751-2648-1

Danke *(Set-CD u. Buch)*
Best.-Nr. 392.895
ISBN 3-7751-2895-6

Frohes Fest *(Set-CD u. Buch zu Weihnachten)*
Best.-Nr. 392.429
ISBN 3-7751-24429-2